FICHA BIBLIOGRÁFICA

Título: El tango, un mapa de Buenos Aires
Autor: Osvaldo Gallone
Contenido: El origen prostibulario del tango. Su expansión
                   y arraigo en la sociedad de principios de siglo.
                   La Guardia Vieja. Prosa y poesía.
                   Los cantores de tango. El tango y la mujer.
Características: 96 páginas, 23 x 21 cm

Editor: Manrique Zago / León Goldstein editores
                   Buenos Aires, Argentina.

Distribuidor exclusivo en España:

KLICZKOWSKI PUBLISHER

ASPPAN   CP67

EL TANGO

un mapa de Buenos Aires

Editor
Manrique Zago

Editor asociado
León Goldstein

Director editorial
Eduardo Guibourg

Diseño
Fabiana Estévez
Jorge Maudet

Operadora de mac
Gabriela Petkovsek

Fotografías
Graciela García Romero
Ron Lovelace
Archivo Manrique Zago

Producción editorial
Mariana Vicat

Producción industrial
Daniel Foyedo

Redación/Corrección
Jorge Fuks/Marina Proto

Osvaldo Gallone

EL TANGO

un mapa de Buenos Aires

Manrique Zago y León Goldstein

■ *Buenos Aires desde el río.*

SUMARIO

I • BARRIO DE TANGO

■ El Compadrito. Dibujo de Jorge Luis Borges, 1926.

Paradójicamente, y la paradoja estriba en su ceguera, Borges pudo erigirse en lazarillo para dibujar la geografía urbana de esa fusión de baile negro, habanera rítmica y milonga orillera que se conoce en el mundo con el nombre de tango.

En su poema titulado, precisamente, *El tango*, incluido en *El otro, el mismo* (1964), Borges señala:

> Aunque la daga hostil o esa otra daga,
> el tiempo, los perdieron en el fango,
> hoy, más allá del tiempo y de la aciaga
> muerte, esos muertos viven en el tango.
> En la música están, en el cordaje
> de la terca guitarra trabajosa,
> que trama en la milonga venturosa
> la fiesta y la inocencia del coraje.
> Gira en el hueco la amarilla rueda
> de caballos y leones, y oigo el eco
> de esos tangos de Arolas y de Greco
> que yo he visto bailar en la vereda.

Estampa de una calle de
Buenos Aires a principios
del siglo veinte.

11

Dos datos pueden inferirse de éste, uno de los memorables poemas borgeanos: el tono, de neto corte evocativo −el poeta habla de un ayer y de una escena entrevista durante la infancia y recordada en la madurez−; y el ámbito geográfico: la vereda, esos tangos de Arolas y de Greco que él ha visto bailar en la vereda. Esta segunda noticia es de una importancia axial para el desarrollo de nuestra monografía.

Vereda supone ciudad, y ciudad habla, inequívocamente, de una geografía urbana. Muchos años antes de institucionalizarse en salones *ad hoc* y escenografías lujosas y voluntaristas, el tango se desarrolló en la ciudad −en los contornos y en las veredas, a cielo abierto, desprolijo y popular− como cuna y ámbito natural. Antes, pues, de indagar las características específicas de danza y letra, acaso no resulte vano contemplar con mirada panorámica la evolución histórica de la ciudad de Buenos Aires que, sin duda, puede reclamar con pleno derecho el título de ciudad del tango.

Luego de la victoria de Mitre sobre Urquiza, que tiene como consecuencia la derrota de los intereses del interior del país y la unión de Buenos Aires a las demás provincias argentinas (escaramuza militar que se conoce con el nombre de "batalla de Pavón", acaecida en 1861), la futura ciudad capital comenzó a conjugar todas las energías progresistas del país, es decir, a contar con todos los medios disponibles para lo que se podría denominar un "desarrollo sarmientino". Los dirigentes rectores de esta transformación fueron, por lo general, antiguos exiliados de formación intelectual tales como Valentín Alsina, de origen unitario, o Mitre. Figuras de enorme prestigio ya que conjugan en sí mismas, a la manera de los héroes griegos, el peso del destierro y el despliegue de una vida heroica; tales son quienes comenzaron a formar parte de una combinación que dio origen a la alta burguesía porteña y liberal. Esto es lo que permitió, en un principio, el triunfo de Buenos Aires.

A partir de la batalla de Pavón, Buenos Aires, como estructura económica, política y cultural, no perdió jamás el cetro y el país dependió de ella, se fueron modelando según sus pautas, asistiendo a sus crisis como si fueran crisis de carácter nacional, puesto que en esas crisis −golpes de Estado, conflictos intestinos, cambios en el sistema de producción económica o modificaciones lingüísticas− Buenos Aires, dado su peso específico, comprometía al conjunto entero.

El centralismo de Buenos Aires no era, sin embargo, una situación nueva para nadie. De hecho, la ciudad-capital era cabeza de toda la región desde siempre, hasta que la creación del Virreinato en 1776 la consagró oficialmente como sede del virrey y asiento administrativo. No en vano a lo largo de los años la imagen de Buenos Aires como ciudad se fue engrandeciendo hasta llegar a la estatura de mito y terminó operando como una metonimia perfecta, ese tropos que consiste en designar una cosa con el nombre de otra, en este caso, a la Argentina con el nombre de Buenos Aires, o pensar que la sola mención

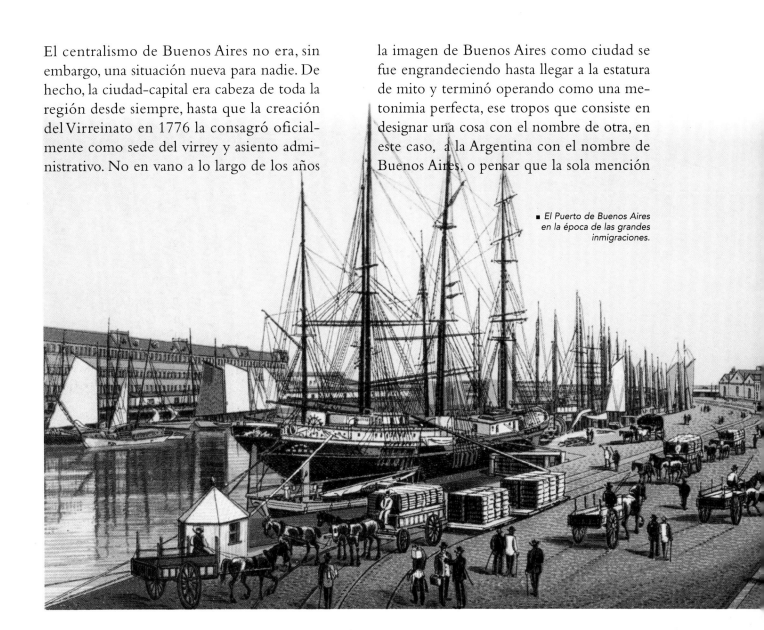

■ *El Puerto de Buenos Aires en la época de las grandes inmigraciones.*

■ *Estación Constitución,*
Buenos Aires, a principios
de la década del '20.

■ *En la página siguiente*
casa típica de San Telmo.

de Buenos Aires (la parte) basta para designar al país (el todo). Desplazamiento que llevó al poeta Carlos Guido y Spano a escribir sus recordados versos:

He nacido en Buenos Aires.
¡Qué me importan los desaires
con que me trate la suerte!
Argentino hasta la muerte,
he nacido en Buenos Aires.

PUERTO Y ALUVIÓN

Para evaluar la importancia excluyente que tiene Buenos Aires a lo largo de la historia, resulta preciso señalar algunas características de la sociedad argentina de mediados a fines del siglo XIX, subrayando especialmente la transformación que se opera en su seno a partir de ciertos hechos puntuales y fechados: la construcción del nuevo puerto (1870), el fin de la guerra con el Paraguay (1871) y la federalización de Buenos Aires (1880).

La construcción del puerto merece un párrafo especial no sólo porque hasta ese momento Buenos Aires no lo tenía (los desembarcos se hacían en medio del canal, en una especie de improvisado puerto, y las mercancías y pasajeros transbordaban a lanchones que habían suplantado las viejas carretas de

las que hablan en sus libros los viajeros ingleses), sino y fundamentalmente porque lo exigió el sistema ferroviario que comenzaba a extenderse por el país: los productos que se acercaban a la capital eran exportables y, por lo tanto, nada debía obstaculizar su rápido embarque.

Pero, además, la función del puerto revistió atribuciones no menos importantes, entre ellas, una de carácter simbólico: se lo experimentó como el punto neurálgico y privilegiado en que se tocaba Argentina con Euro-

pa, el puerto era la boca ciudadana por la que se asimilan los –como diría Gide– alientos terrestres (novedades industriales y culturales) que le permitían vivir.

El puerto de Buenos Aires fue concebido para un porvenir de exportaciones e importaciones, o sea, a la medida de las expectativas que a fines del siglo XIX se tenían del país: un país que ingresaba inexorablemente en el mundo grande.

Puede acotarse que no fue el único puerto que se construyó; Rosario, Bahía Blanca y Quequén vinieron a continuación, y fueron inaugurados sobre el filo del siglo y hasta 1910.

La inauguración del puerto bonaerense obligó a una serie considerable de cambios en el paisaje de la ciudad. En principio, empujó al, hasta ese momento, barrio rico de la ciudad desplazándolo del sur al norte.

Desplazamiento que provocó, por lo menos, un aspecto transformacional que revistió la mayor importancia: zonas que antes eran catalogadas sin hesitar como orilleras, marginales o despreciables (situación en la que se encontraban barrios como Retiro y Recoleta) pasaron —emplazamiento del puerto mediante— a ser distinguidas y poblarse de quintas aristocráticas y palacios de gusto puntillosamente afrancesado.

Producto de esta mudanza involuntaria y exigida por las circunstancias, zonas como el barrio del Alto (actualmente San Telmo), centro residencial de la clase alta desde el comienzo de su emplazamiento, quedó, como casi todo el sur de la ciudad, marginado y empobrecido. Es a este barrio que muchas milongas de pertenencia (*Yo soy del barrio de …*) mentan como el depositario de la bravura y del coraje.

Borges recoge una de ellas:

Yo soy del barrio del Alto,
soy del barrio de Retiro.
Yo soy aquel que no miro
con quien tengo que pelear,
y a quien en milonguear
ninguno se puso a tiro.

Otras milongas, que no dejan de compendiar en sí mismas la alegría y la bravata, siguen teniendo a la ciudad como telón de fondo de sus letras, pero de manera más anónima y general, sin detenerse en el minucioso localismo de algún barrio de preferencia (y, por supuesto, de pertenencia; ambos términos, aquí se homologan):

En el tango soy tan taura
que cuando hago un doble corte
corre la voz por el Norte
si es que me encuentro en el Sur.

Nótese, al margen de la exaltación del coraje, un paralelismo que no es de los menores y que está inscripto en la música popular desde sus comienzos: la habilidad danzante sugiere, en la figura del compadrito, un atributo tan esencial como la capacidad de visteo en los duelos a cuchillo; no se concibe un compadrito torpe de pies o débil de vista.

La inauguración del puerto trajo como consecuencia inmediata y previsible la excesiva afluencia de inmigrantes, que excedió en mucho los cálculos más optimistas de las políticas inmigratorias del momento. Para brindar una idea más o menos precisa del fenómeno se puede recurrir a los guarismos del censo nacio-

■ *Recoleta c.1900.*

■ Página opuesta:
Café Tortoni.

nal de 1895: hasta ese momento, la Argentina estaba habitada por 3.956.000 habitantes; en Buenos Aires, la población era de 667.786, de los cuales 359.425 –es decir más de la mitad– eran extranjeros. Es lo que el historiador José Luis Romero ha denominado con acierto "la Argentina aluvial".

A partir de 1880, la Argentina aluvial, la que se había constituido como consecuencia de la inauguración del puerto, las políticas inmigratorias y distintas conmociones internas y externas, crecieron, se desarrollaron y pugnaron por encontrar un modo y un sistema de equilibrio que, es obvio decirlo, no podría alcanzar sino con la ayuda del tiempo y de distintos y repetidos reajustes tanto en su interioridad como en su estructura.

La realidad social que se construyó por el aluvión inmigratorio incorporado a la sociedad criolla adquirió ribetes de conglomerado, esto es: masa informe no definida ni en las relaciones entre sus partes (no todos los inmigrantes procedían de un mismo lugar, razón por la cual comenzó a definirse a la Argentina como "un crisol de razas") ni en los caracteres del conjunto: por su propia heterogeneidad, no se podría hablar de "masa inmigratoria" indiferenciada, sino de distintas y caracterizadas inmigraciones.

De cualquier manera debe admitirse que el aluvión inmigratorio considerado en sí mismo tenía algunos caracteres peculiares, pero muy pronto comenzó a entrar en contacto con la masa criolla, y de tal relación se derivaron influencias recíprocas y simétricas que modificaron tanto a una como a la otra parte. La psicología de la masa inmigrante estaba determinada –no, acaso, de manera excluyente,– por el impulso que la había determinado a abandonar sus respectivos países y buscar nuevos horizontes en un país sudamericano; en suma, abandonar lo conocido –devaluado y afligente, pero conocido– por el albur de una aventura transoceánica. Este impulso era, sobre todo, económico, y provenía de la certidumbre –más o menos fundada, con mayor o menor margen de seguridad, pero finalmente ya articulada como hecho consumado– de que la vida sudamericana ofrecía posibilidades sin límite, exigiendo como único y razonable precio el esfuerzo. La riqueza fue, de esta manera, el móvil decisivo.

En principio, para obtener esa riqueza la masa inmigratoria estaba en condiciones inmejorables. En el ámbito de una economía extensiva –como la de la Argentina en ese momento– la capacidad personal de empresa no podía fallar; por otra parte, la característica de los países de origen de los inmigrantes era la del trabajo intenso e intensivo. Parecía, pues, suscribirse en el terreno de la realidad la tesis sarmientina: el inmigrante iba a cumplir con muchos objetivos a la vez, ya que al conocer labores agrarias y llevar consigo los gérmenes de la civilización europea, se supone que es éticamente más valioso que el criollo, etcétera. Pero surgió un problema que se tornó insoluble: los inmigrantes fueron traídos o alentados a viajar para realizar tareas agrarias: ganadería y agricultura. Para la ganadería tropezaron con la hostilidad proletaria y un sistema de explotación que, en rigor de verdad, no exigía mucha mano de obra. Para la agricultura, se encontraron con la falta de tierras (cuando el general Julio Argentino Roca repartió la tierra conquistada a los indios en la Campaña del Desierto hay quienes recibieron hasta diez mil kilómetros cuadrados) y una estructura agraria en la que no podían insertarse. Además, es preciso considerar un dato fundamental que muchas veces se soslaya: no siempre los inmigrantes tenían formación agraria o les interesaba la tierra.

El inmigrante, pues, había roto los vínculos con su comunidad de origen y había abandonado, con ella, el sistema de normas y

■ *Domingo Faustino Sarmiento.*

■ *La Antigua Aduana. C.1890.*

■ *En la página siguiente* Paseando bajo la lluvia. *Pintura.*

principios con los que regía su conducta. Era, como ciudadano, un ser desarraigado a quien su país de adopción no podía ofrecer, a cambio de lo que abandonaba, una estructura social y moral, debido fundamentalmente a dos características que en ese momento le eran propias a la Argentina: su escasa densidad de población y la singular etapa de desarrollo (y hasta podría decirse: de inflexión) en que se hallaba. El inmigrante, pues, comenzó a moverse entre dos mundos, atravesado por la nostalgia y la melancolía, de donde derivó una peculiar actitud espiritual, una particular manera de estar en el mundo que Sarmiento advirtió con finísima percepción:

"El emigrado en la América del Sur sueña todos los días con el regreso a la patria que idealiza en su fantasía. El país adoptivo es para él un valle de fatigas para prepararse a una vida mejor. Los años transcurren empero, los negocios lo van atando insensiblemente al suelo, la familia lo liga indisolublemente, las canas aparecen, y siempre cree que un día volverá a aquella patria de sus sueños dorados; y si uno entre mil vuelve al fin a ella, encuentra que la patria ya no es la patria, que es extranjero en ella, y que ha dejado aquí posición, goces y afecciones que nada puede suplir (…)."

Si la corriente inmigratoria fundó la idiosincrasia del país, no hace falta interrogarse, a la luz de estas palabras de Sarmiento, la razón por la cual es la melancolía, un aire de tristeza infinita y de gris nostalgia, las características del tango, las señas de identidad de una música que representa cabalmente a la ciudad y a sus habitantes, descendientes de estos inmigrantes de los que habló Sarmiento.

Entre el inmigrante –el "gringo"– y el criollo nativo comenzó a producirse un rápido y previsible cruzamiento. Si en las capas inferiores fue frecuente, no lo fue menos en lo que se conoce como "clase media" –que en ese momento comenzó a aparecer– constituida en gran parte por el elemento inmigrante. José S. Alvarez (Fray Mocho) en sus *Cuentos* testimonia con ironía la significación social de este fenómeno del que habría de generarse poco a poco la típica clase media argentina de la era aluvial, cuyas primeras características indecisas revelan la coexistencia de los ideales criollos y los del inmigrante, en lucha algunas veces, en proceso de fusión y/o intercambio otras, y en ocasiones yuxtapuestos sin operar su adaptación definitiva.

En el folclore de las ciudades, el baile y el canto popular adoptaron formas híbridas desde fines de siglo, y pusieron de manifiesto la oposición entre las formas de la existencia cotidiana y una concepción de la vida que parecía emerger de la tierra, como un fenómeno raigal: así surgió el tango argentino, saturado de espíritu criollo en sus elementos rítmicos, melódicos y literarios, pero atravesado de reminiscencias que provenían de la actitud vital del conglomerado criollo-inmigratorio.

En la composición de esta inmigración se verifican varios fenómenos de nota: cesó la inmigración de negros (que, según algunos historiadores, alcanzó en el siglo XVIII cuarenta por ciento en el vecindario porteño de entonces), llegaron contingentes de asturianos y gallegos seguidos de otros diversos representantes de la España pobre y rural, a los que se sumaron italianos del sur, sirios, libaneses y judíos de la Europa Central concentrados en los puertos del mar Negro por las persecuciones de los zares.

■ *Juan Carlos Copes y su hija Johana, 1998.*

■ *Viejo Hotel de Inmigrantes.*
Cada cual con su equipaje.

■ *Tapa de LP: Filiberto y Caminito.*

■ *Barrio de La Boca.*
Aquí se agruparon las familias
en pintorescos conventillos.

27

Esta inmigración tuvo varias características dignas de mención a los efectos de nuestro tema:

★ Estaba formada, en principio, por hombres jóvenes y solos.

★ Tuvo un alto grado de inestabilidad, ya que –siguiendo datos proporcionados por Blas Matamoro– entre 1869 y 1880 cuarenta y cinco por ciento de los inmigrantes regresó a su lugar de origen, y entre 1871 y 1880 doscientos mil de los doscientos noventa mil llegados, retornaron inmediatamente. El fenómeno resultó de tal magnitud –una magnitud grotesca y trágica a un tiempo– que se construyó en el puerto un Hotel de Inmigrantes, especie de depósito y continente de recién llegados a los que nadie reclamaba y que carecían de alojamiento.

★ Esta inmigración resultó, como es notorio, un formidable vehículo de transculturación anárquica y variopinta, a la que se trató –a veces, vanamente– de homogeneizar con una intensa campaña de escolarización que intentó dotarla de un idioma común y de algunas nociones rápidas sobre una cierta y vaporosa identidad nacional.

A esta población reciente e inestable, babélica y confundida, se le sumó otra población flotante: la de los militares sin ocupación, que venían de hacer la guerra con el Paraguay y de pelear contra los últimos caudillos provinciales (el "Chacho" Peñaloza, López Jordán, los Varela). Inmigrantes externos e internos, pues, se asentaron en las orillas de la gran ciudad que sería la Capital Federal.

FRAY MOCHO

Año I   BUENOS AIRES, 2 DE AGOSTO DE 1912   N.º 14

DERNIER CRI

— Somos abonados del Colón, y como no hemos podido ir a Europa este año, hemos resuelto dejarnos crecer la melena y hacernos socialistas, que es la última moda.

■ Portada de Fray Mocho.

■ Página anterior, la mayoría de los inmigrantes eran hombres solos.

LA MALA VIDA

Alrededor de esta urbe empezaron a extenderse los primeros arrabales: la pintoresca Boca (mirando al Riachuelo, con sus casas pintadas de colores chillones y su población preponderantemente italiana), los Corrales Viejos (hoy, Parque de los Patricios), Miserere (hoy, barrio del Once), Bajo Belgrano, Palermo (territorio sobre el que Borges delinea un pasado, tal vez apócrifo, de compadritos y cuchilleros). La población de estos arrabales, como ya dijimos, era, en gran parte, masculina: soldados sin ocupación, mutilados de guerra y mendicantes, inmigrantes solitarios; una particularísima corte de los milagros que hallarían en la música ciudadana su identidad más íntima y personal.

La gran industria que se vislumbra ante ellos es el prostíbulo, el sitio de reunión de los hombres solos que no tienen donde juntarse, pero en principio no era el prostíbulo organizado, sino la oferta callejera de sexo, la oferta más salvaje y elemental. Es precisamente allí donde comenzó a consumarse la transculturación a la que hacíamos mención y, en un primer momento, resultó un aporte nada desdeñable a ese particular *slang* porteño que se conoce como lunfardo. Basta, siguiendo a la autoridad máxima en la materia, don José Gobello, un ejemplo harto representativo: para preguntarle a la prostituta que merodeaba el puerto cuál era el valor de su prestación sexual, el inmigrante italiano solía interrogar: *"¿per cuánto?, ¿per cuánto?"*, expresión que apocopada y ligeramente transformada se convirtió en "percanta", a la postre, término con el que se define a la mujer de vida ligera o equívoca, palabra con la que comienza la letra de *Mi noche triste*, de Pascual Contursi:

Quiosco cerrado de florista.

Percanta que me amuraste
en lo mejor de mi vida,
dejándome el alma herida
y espina en el corazón,
sabiendo que te quería,
que vos eras mi alegría
y mi sueño abrasador,
para mi ya no hay consuelo
y por eso me encurdelo
pa'olvidarme de tu amor.

Pascual Contursi compuso la letra sobre la música del tango *Lita*, de Samuel Castriota. Fue cantado por primera vez por el mismo Contursi en el cabaret Moulin Rouge, de Montevideo, acompañado al piano por Carlos Warren, en 1915. Carlos Gardel lo cantó en el teatro Esmeralda en 1917, y ese mismo año lo llevó al disco fonográfico. Se afirma que fue el primer tango cantado por Gardel, lo cual hizo que la composición de Contursi, más allá de sus méritos intrínsecos, ocupe un lugar de excepción en la historia del tango. Manolita Poli, en el papel de María Luisa, lo cantó en 1918 en la representación del sainete *Los dientes del perro*, de José González Castillo y Alberto T. Weisbach, acompañada por la orquesta de Roberto Firpo.

■ *Carlos Gardel.*

■ *En la página anterior, Manolita Poli.*

Pero el prostíbulo organizado —ya no la mera oferta al paso—, la gran empresa diseñada por rufianes europeos a partir de 1870, requería su música, y es una música que tomó prestada de los antiguos y pequeños sitios de diversión orillera. El tango adquiere su nota distintiva y más característica en esta primera época: la de ser música prohibida, la de ser música canallesca, "reptil de lupanar", como lo definiría Leopoldo Lugones o sea: música de quilombo.

Vuelve a cambiar, entonces, el paisaje de la ciudad, ya que ciertos barrios pasaron a ser zonas prostibularias por excelencia: el Parque (actualmente, la zona de Plaza Lavalle y los Tribunales; paradójicamente, el lugar que hoy es asiento de la ley) para las clases acomodadas, y la Boca y Miserere (el tan mentado y temido Junín) para las clases asalariadas. Se podría afirmar que es en las academias de baile (salones dirigidos casi exclusivamente por mujeres, antiguas sociedades negras, sitio de frecuentación y práctica de las primeras bailarinas de pista) del barrio del Parque donde por primera vez se tocó tango dentro de los límites del radio urbano.

Respecto de los orígenes —uno de los temas más controvertidos y difíciles de precisar— Borges señala en su breve *Historia del tango* incluida en *Evaristo Carriego* (1930): *"He conversado con José Saborido, autor de Felicia y de La morocha, con Ernesto Poncio, autor de Don Juan, con los hermanos de Vicente Greco, autor de La Tablada, con Nicolás Paredes, caudillo que fue de Palermo, y con algún payador de su relación. Los dejé hablar; cuidadosamente me abstuve de formular preguntas que sugieran determinadas contestaciones. Interrogados sobre la procedencia del tango, la topografía y aun la geografía de sus informes era singularmente diversa: Saborido (que era oriental) prefirió una cuna montevideana; Poncio (que era del barrio del Retiro) optó por Buenos Aires y por su barrio; los porteños del Sur invocaron la calle Chile; los del Norte, la meretricia, calle del Temple o la calle Junín. Pese a las divergencias que he enumerado y que sería fácil enriquecer interrogando a platenses o a rosarinos, mis asesores concordaban en un hecho esencial: el origen del tango en los lupanares (a fines del siglo XIX). El instrumental primitivo de las orquestas —piano, flauta, violín, después bandoneón— confirma, por el costo, ese testimonio; es una prueba de que el tango no surgió en las orillas, que se*

32

PARANA

ESQUINA
ANIBAL TROILO

CIRCULO AMIGOS
DE
ANIBAL TROILO
EL BANDONEON
MAYOR DE Bs. As.
18 DE MAYO DE 1987

Banco de la Ciudad
de Buenos Aires
A
ANIBAL TROILO
(PICHUCO)
EXPRESION FUNDAMENTAL DE
LA PORTEÑIDAD
Bs. As. 14·V·87

■ *Muchas calles en Buenos Aires tienen esquinas dedicadas a los tangueros, ésta es la de Aníbal Troilo.*

bastó siempre, nadie lo ignora, con las seis cuerdas de la guitarra. Otras transformaciones no faltan: la lascivia de las figuras, la connotación evidente de ciertos títulos (El choclo, El fierrazo), la circunstancia, que de chico puede observar en Palermo y años después en la Chacarita y Boedo, de que en las esquinas lo bailaban parejas de hombres, porque las mujeres del pueblo no querían participar en un baile de perdularias.(…)."

Reconoce Borges, como casi todos los historiadores más representativos, el origen prostibulario, pero también debe acotarse su presencia en otro punto característico de la prostitución, que es de origen nativo y no siempre señalado: la cercanía de los cuarteles y de los campamentos militares donde se alineaban los "cuartos de las chinas". La china es la prostituta nativa, provinciana por lo general, que seguía los pasos de la tropa y servía para el goce carnal de los soldados. El día de pago de la milicia se organizaban bailes con orquestas entre las cuales figuran las más antiguas del tango: Canaveri, Aspizú, Ramos, Miguens.

Con la gran desmilitarización ya señalada, las chinas se convirtieron en una población flotante de desocupadas y, para empeorar su infortunio, se ven desplazadas por las "loras",

tal como se conocía a las rameras que comenzaban a ser importadas (en especial, francesas y polacas); dos razones por las cuales las chinas terminan recluidas en un pequeño sector del Retiro, sobre las calles Paraguay y Maipú.

Otro punto de diversión, en este caso para las clases adineradas, es el conocido "hueco de Lorea" (actual plaza del mismo nombre y plaza del Congreso). La aristocracia porteña de entonces se reúne en el Club del Progreso —Victoria, esquina Perú— a jugar al *whist* (juego de naipes de origen inglés, que se juega dos contra dos) y a conversar para luego correrse hasta el "hueco", ante el cual se alza el teatro Alcázar (luego Moderno y Goldoni, y actualmente, Liceo), frecuentado por las compañías de opereta francesa. Muy cerca de allí hay puntos famosos de mala vida: la calle del Pecado o del Aroma (actual Ministerio de Obras y Servicios Públicos), los fondines de la calle Entre Ríos (donde está emplazado el actual palacio del Congreso) y el almacén o alpargatería de Machado, en Solís y Estados Unidos, donde es fama que se bailó por primera vez.

Por el lado del sur, el arrabal empezaba en la manzana limitada por las calles Chile, Independencia; por el norte, en la antigua calle

■ *Defensa y San Juan, típica esquina de San Telmo, hoy desaparecida.*

36

del Temple –el conocido Fangal del Temple (hoy, Viamonte)–, y por el oeste, en las cercanías de la calle Salta. Es fundamental en este área intermedia y vaga donde se orientan las casas de las chinas cuarteleras, sitios de esparcimiento para la población masculina de escasos recursos. Si en los cuartos de las chinas, negras, pardas, mulatas, mestizas, indias y algunas blancas, en reuniones que duraban día y noche, la actividad aparentemente aglutinante era la música –con un repertorio indígena y africano que se podría denominar "etapa pretanguera"–, la prostitución era el oficio cotidiano.

Entre los barrios "alegres" de la época debe recordarse Montserrat, barrio de los candombleros, y calle del Pecado, con un prostíbulo que, como ya se dijo, se alzaba en el actual emplazamiento del Ministerio de Obras y Servicios Públicos. San Telmo se mantiene criollo, poblado de guapos, y Palermo hace gala de los cuchilleros que poblarían la imaginería borgeana abarcando la zona denominada "Tierra del Fuego" –a la que más tarde volveremos–, zona comprendida entre las avenidas Las Heras, del Libertador, Pueyrredón y Coronel Díaz.

La inmigración, previsiblemente, fue alterando de manera paulatina pero firme la semblanza del arrabal: una lenta asimilación se iba operando entre los pobladores de Nueva Pompeya y Puente Alsina; pero si, por un lado, los Corrales –que nucleaba bailongos y reñideros de gallos– estaban poblados por nativos matarifes, y el contiguo barrio de las Ranas era habitado por criollos que bordeaban la quema de basura, la

■ *Malvones en una ventana de San Telmo.*

No seas grosero
TANGO MILONGA
PARA PIANO
POR ISMAEL BOBEANO PICO

Boca se constituyó como barrio íntegramente extranjero.

Por el lado del Bajo, junto al antiguo Paseo de la Alameda (después llamado Paseo de Julio y actualmente Avenida Leandro N. Alem), y más al sur, en las inmediaciones del viaducto al ferrocarril a Ensenada, rufianes, milongueros y compadritos hacen su negocio a expensas de los marineros recién llegados de ultramar que acuden a esa zona en busca de burdeles y diversión.

A fines del siglo XIX ya son famosos Constitución, con sus lupanares cercanos al Arsenal de Guerra (calle Pavón entre Rincón y Paso), la esquina de Junín y Lavalle, el barrio de los prostíbulos de polacas, la Boca y el Dock Sur. En la Boca, hasta después de 1910, los prostíbulos se alzaban junto a las cantinas y "cafés de camareras" por las calles Pinzón, Gaboto, la zona ribereña y las calles adyacentes. La esquina de Suárez y Necochea era el eje de la vida nocturna de la zona.

Los habitantes de este arrabal anárquico y babélico hablaban una jeringoza, enrevesada y pintoresca que pasó a denominarse lunfardo, idioma delictivo y marginal que se permite negar —desde el lenguaje— las pautas juiciosas de los civilizados del Centro, el elegante fraseo del Club del Progreso. Es una lengua que recibe de los comerciantes portugueses que contrabandeaban en las riveras de Buenos Aires y de la Banda Oriental las expresiones "mina" (contracción de menina), "cafishio" y "gavión" (por querido, amante), y de los regionalismos italianos "giro" y "giranta", que serán las expresiones variadas de los arquetipos de la prostitución: el "malevo" y la "mina".

Buenos Aires llegó a ser, en palabras del periodista francés Albert Londres en su libro *El camino de Buenos Aires*, "el mayor mercado de carne humana del mundo". Muchas expresiones que luego van a aparecer como típicamente porteñas tienen su origen en esta cuna común: el ambiente prostibulario. Así, "franchuta" es una mixtura de francesa y prostituta, la policía bautiza "macró" al compadrito por deformación del francés *maquereau*; el rufián es caftén, macró lenon, cafishio, alcahuete, chulo, sicotaro, marlu, cafioro o soutener.

Esta íntima relación de tango y ambiente prostibulario ha dejado, como no podía ser de otra manera, varias y variadas letras que testimonian el connubio. Por su historia singular y curiosa reproduciremos *¡Cuidado con los cincuenta!*:

Una ordenanza sobre la moral
decretó la dirección policial
y por la que el hombre se debe abstener
decir palabras dulces a una mujer.
Cuando una hermosa veamos venir
ni un piropo le podemos decir
y no habrá más que mirarla y callar
si apreciamos la libertad.
¡caray!... ¡No sé

■ *Placa en la esquina de Centenera y Tabaré, dedicada a un tango de Homero Manzi.*

■ Aníbal Troilo,
prócer del
bandoneón.

■ San Telmo y sus
típicos negocios
de antigüedades.

por qué prohibir al hombre
que le diga un piropo a una mujer!
¡Chitón!… ¡No hablar,
porque al que se propase
cincuenta le harán pagar!

Yo cuando vea cualquier mujer
una guiñada tan sólo le haré.

Y con cuidado,
que si se da cuenta,
¡ay!, de los cincuenta
no me salvaré.
Por la ordenanza tan original
un percance le pasó a don Pascual:
anoche, al ver a una señora gilí,
le dijo: Adiós, lucero, divina hurí.
Al escucharlo se le sulfuró
y una bofetada al pobre le dio

40

y lo llevó al gallo policial...
Por ofender a la moral.
¡Caray!... ¡No sé
por qué prohibir al hombre
que le diga un piropo a una mujer!...
¡No hablar!... ¡Chitón,
porque puede costarles
cincuenta de la nación!

Mucho cuidado se debe tener
al encontrarse frente a una mujer.

Yo, por mi parte,
cuando alguna vea,
por linda que sea
nada le diré.

Letra y música pertenecen a don Angel G. Villoldo. Fue compuesto a raíz de la resolución dictada por el entonces jefe de policía, coronel Ramón L. Falcón, el 28 de diciembre de 1906, exhortando al cumplimiento de la orden del 10 de abril de 1889 acerca de palabras, actos y ademanes obscenos. El tema de Villoldo, compuesto y estrenado en 1907, se refiere, de manera irónica y humorística, a los cincuenta pesos de multa que se imponían a quien molestara a una mujer en la calle.
Con respecto, justamente, a Villoldo (autor

del primer tango cantado profesionalmente –es decir, cantado por un profesional, por una persona que vive del canto–, *La Morocha*, sobre música de Enrique Saborido; una suerte de cuplé criollo que, según se dice, estrenó la cupletista uruguaya Lola Candales el 25 de diciembre de 1905 en el bar Ronchetti), José Gobello apunta que es el representante más definido de la corriente lupanaria o canfinflera, en tanto que Luis Roldán es el más notorio de la corriente cupletística, siendo Pascual Contursi la síntesis más perfecta de ambas tendencias.
Asimismo, Gobello reconoce la existencia de letrillas para tangos de inspiración lupanaria

■ Candombe. *Grabado.*

■ Bailarines de tango.
Obra de P. Macias.

ya desde la penúltima década del siglo pasado, mientras que sólo puede hablarse con propiedad de letras de tango y no letras para tango cuando el poeta y el músico se ponen de acuerdo respecto de la obra en cuestión.

Las más antiguas letrillas a que se refiere Gobello han llegado en general a nosotros bajo la forma de fragmentos. Invariablemente son versos pornográficos o cuyas connotaciones sexuales no sólo son innegables, sino absolutamente directas. Tal el caso de *La Chacarera*, de Juan Maglio, que hace referencia a una famosa ramera de Avellaneda conocida bajo ese nombre:

Chacarera, Chacarera, Chacarera de mi amor,
si yo te pido una cosa
no me contestes que no.
Chacarera, Chacarera, no me hagas más sufrir
todos duermen en tu cama,
yo también quiero dormir.
La Chacarera tiene una cosa
que ella guarda con gran cuidado
porque es chiquita y muy sabrosa.

Estas letras eran inmensamente populares y cantadas por la concurrencia —a modo de clave y rito de filiación— en la antesala de los burdeles, en tanto esperaban turno para acceder a la mujer que les tocaría en suerte. El pianista o la pequeña orquesta de tango acompañaba al improvisado –y, seguramente, desafinado– coro y a los bailes que, generalmente, se practicaba entre los mismos hombres puesto que las mujeres del local estaban trabajando en sus respectivos cuartos.

Dame la lata quizá sea el tango porteño con melodía original más antiguo que ha llegado hasta nosotros. El título evoca una escena típica del prostíbulo: al llegar, el cliente pagaba su consumición y recibía una latita como prueba de pago; al entrar en el cuarto de la pupila, se la entregaba. Cuando el rufián o macró visitaba el lupanar, exigía de sus pupilas la entrega de las latas para calcular la parte proporcional de dinero que le correspondía:

Dame la lata
que has escondido,
¿qué te pensás, bagayo,
que yo soy filo?
Dame la lata
y ¡a laburar !
Si no la linda biaba
te vas a ligar.

■ En la página anterior, *Carlos Gardel vestido de gaucho en una de sus películas junto a Rosita Moreno.*

■ *Juan Maglio.*

45

En medio de esta escenografía, el canfinflero, el cafishio o el cafiolo es uno de los personajes centrales del tango primigenio y, por supuesto, de la vida prostibularia; uno de los personajes más característicos y caracterizados de la ciudad de entonces. Asiste cotidianamente a su dosis de peluquería. Suele acudir a las de la calle Esmeralda para que lo colmen de aceite, grasas y pomadas y para que lo afeiten pelo por pelo. El cafiolo cuida su figura obsesivamente. No se sienta en las sillas más que a medias, para no arrugarse el pantalón, y es fama que cuando una mujer va a abrazarlo le recomienda sin dudar: *"¡Ojo, no me arrugues!"*

No es gratuita esta obsesión por la pura exterioridad. El cafiolo criollo sabe mejor que nadie que a diferencia de los cafishios polacos o franceses —sus rivales y/o cómplices—, que a medida que envejecen aumentan su poderío en los negocios, su única arma está en la figura, pues una vez que la ha perdido se acaba su carrera como explotador.

Sentado bajo la parra del patio del prostíbulo, escuchando la cadencia sincopada de los músicos, el cafiolo controla el trabajo de sus mujeres contabilizando las latas que luego cambia por dinero en la caja del burdel, vigila de reojo a los que ocupan sitio sin gastar, y es de rigor pedirle permiso para alternar con una mujer, dando lugar, en caso de negativa, a antológicas trifulcas.

Tal vez una de las pinturas más acabadas del personaje y del uso del lunfardo en la poesía ciudadana se encuentre en el tango titulado, precisamente, *El cafiso*:

Ya me tiene más robreca
que canfli sin ventolina
y palpito que la mina
la liga por la buseca.
Ahura la va de jaqueca
y no cai por el bulín,
pero yo he junao que al fin
he engrupido a un bacanazo
y me arranya el esquinazo
porque me ve fulerín.

Y me bate el de la zurda
tocándome el amor propio
que me quiere dar el opio
con un bacán a la gurda,
pero si me pongo en curda
la rafa será completa
que aunque me apañe la yeta
yo con grupos no la voy
y ya verá que no soy

un guiso a la vinagreta.
Se ha creído la rantifusa
con humos de gran bacana
que por temor a la cana
no va a ligar la marrusa.
Pa' mí es poco la canusa
y el código es un fideo;
una vez que me cabreo
la más turra marca el paso,
sobre todo en este caso
que defiendo el morfeteo.

El cafiso, con letra de Florencio Iriarte y música de Juan Canavesi, data aproximadamente de 1918, y perteneció al repertorio de Linda Thelma. Resulta claro que en el decurso de su letra recorre los tópicos más representativos de la vida del cafishio y de su mujer: el afán lucrativo, el temor al engaño, la violencia física, la relación con las leyes y la policía, el honor perdido.

Las letras de la época, como ya señalamos, tienen obvias connotaciones sexuales. Títulos como *El choclo, El serrucho* y *La budinera* son metáforas de órganos corporales, *El fierrazo* alude al orgasmo, y en algunos la intención es directamente pornográfica: *Con qué trompieza que no entra, Dos veces sin sacarla, Embadurname la persiana, Colgate del aeroplano, No me pisés la pollera, Aquí se vacuna, Golpiá que te van a abrir, Sacudime la persiana, Chiflále que va a venir, Qué rana para un charco*, etc.

Y en cuanto a la relación del dúo cafiolo-mina o rufián-pupila, ha sido pintada de una vez y para siempre en el *Tango de la Taquera*, con música de Miguel Angel Rondano:

Abrame cancha, no sea salame
hágase a un lao que pasa la taquera;
no hay como yo pa defenderse sola
y en amansar a un hombre soy primera.

■ *Característica ventana*
enrejada en el barrio
de San Telmo.

47

¿No ve que ando con botas de gendarme,
pañuelo al cuello, pilcha fabriquera,
camisa de hombre abierta en la pechuga,
faca en la liga y jeta pendenciera?

Soy una china mandona,
soy la taquera porteña,
soy un as para el levante
que a las demás las sobra por la greña.

Como luz en la trifulca,
soy en el fango una dama
y si el tren usté me aguanta
¡ya va a saber qué bien se está en mi cama!
Pa' no gastarlo y mantenerlo lindo
al fioca me lo guardo en la fiambrera,
barro la pieza, le caliento el mate
¡en el amor no hay como la taquera!

¡Mirenló con su jeta de albayalde,
polvos de arroz, camisa de primera,
saco floreao, trencilla en lo leone,
funyi de pana y sombra en las ojeras!

Yo le consigo las minas
y ellas por él me laburan,
se pasan la gente al cuarto
y, en el quilombo, listas se me amuran.

El se rasca todo el día
y, de noche, meta tango;
en vez de amor, me da biaba.
¡Por su querer yo vivo en el fandango!

Yo sufro por mi macho lo que venga:
me faja bien y lo quiero de veras.
La biaba es la caricia del cafishio
y p'aguantar se han hecho las taqueras.
Pero naides me toca lo que es mío:
si con él otra se hace la canchera
le rompo bien el alma a castañazos
y me la dejo tendida en la vedera.

Es una letra que habla a las claras de la relación cotidiana entre la mina y su cafiolo, una relación que espeluznaría a la feminista menos radical.

Ya hemos visto de qué manera la fisonomía de la ciudad cambia a favor de dos elementos: el aluvión inmigratorio y el emplazamiento de prostíbulos, ambos hechos condicionantes en la evolución de las letras de tango. Es menester señalar otra conjunción de factores que redefine el perfil de la ciudad de Buenos Aires.

A raíz de la guerra con Paraguay –y el trasvasamiento de hombres, el contacto de ambos pueblos y ambas culturas–, Buenos Aires sufrió la epidemia de fiebre amarilla durante 1871, que produjo la muerte de una décima parte de la población.

La fiebre amarilla puso de manifiesto dramáticamente la vetustez de la infraestructura urbana y obligó a medidas de saneamiento y modernización, sobre todo en materia de aguas corrientes y eliminación de basuras. La clase alta dejó de habitar el viejo barrio sur, que se convirtió en zona vieja —en parte, prostitucional y, en parte, vivienda proletaria— para trasladarse al norte, con un urbanismo lujoso y moderno copiado de los modelos y arquetipos parisinos.

El protagonista e impulsor de todos los cambios edilicios que se verifican en la Buenos Aires de entonces es el intendente Torcuato de Alvear, quien inauguró lo que David Viñas denomina *"la línea de los intendentes escenógrafos"*.

Alvear reprodujo en Buenos Aires el fenómeno de cambio producido en el París de la posguerra del '70, dirigido allí por el famoso barón de Haussmann. Hizo abrir la Avenida de Mayo; concibió las dos grandes diagonales que, con la Avenida de Mayo, acercan a la Casa Rosada y a la vez a ésta con el futuro Congreso Nacional cuya construcción exigirá más de treinta años; dirigió calles hacia

■ Casa de Gobierno.
*Obra de Ángel
Della Valle.*

el Norte (la avenida Callao, específicamente); unió zonas estratégicas, orientó el estilo de edificación –que es invariablemente el estilo "Regencia" en la zona norte–; bajo su mandato se iniciaron los grandes edificios como el Palacio de Correos y otras tantas obras.

Sin duda la ciudad que Alvear concebía –y que, de hecho, con sus más y con sus menos, sus delineamientos y sus desigualdades era la "ciudad dorada", la pura presencia, la ciudad decorada, la escenografía construida a imagen y a semejanza de las más grandes y lujosas capitales europeas. Acaso sea ésta la razón que haga de la Buenos Aires de esa época un mosaico de estilos: desde los palacetes Regencia a los hoteles españoles de la Avenida de Mayo, las estaciones del ferrocarril de tipo inglés y sus casas aldeanas. Hay por un lado, un crisol de razas, y por otro lado, una ciudad que es un mosaico de estilos; no puede asombrar que la música de esa mescolanza sea un prolijo y elaborado híbrido: el tango. En este nuevo paisaje ciudadano están las casas de la clase media urbana, en el más nítido estilo ítalo-criollo, y las calles de barrio, todas iguales, rectilíneas y largas. La contracara es Palermo Chico, barrio de calles cuyo trazado es irregular, con curvas y recovecos, construido sobre las ruinas fantasmagóricas de la "Tierra del Fuego", viejo reducto del hampa suburbana sobre cuyas posesiones la oligarquía pasó el arado y fijó de una vez y para siempre su concepción de vida urbana.

Da parte de estas transformaciones edilicias esa excepcional pieza poética de Enrique Cadícamo con música de Guillermo D. Barbieri titulada *Anclao en París*. La letra cuenta la historia de un bohemio exiliado que por razones económicas ha debido permanecer en la capital francesa más allá de sus deseos de repatriarse. Hablando, sin duda, con otros compatriotas se ha enterado de los cambios que ha sufrido su ciudad:

¡Cómo habrá cambiado tu calle Corrientes!
¡Suipacha, Esmeralda, tu mismo arrabal!
Alguien me ha contado que estás floreciente
y un juego de calles se da en diagonal.

¡No sabés las ganas que tengo de verte!
Aquí estoy parado, sin plata y sin fe.
¡Quien sabe una noche me encane la muerte
y... chau, Buenos Aires, no te vuelva a ver!

La letra fue escrita por Cadícamo en Barcelona en 1931, y enviada a Carlos Gardel, quien en ese momento se hallaba en París.

Musicalizada por Barbieri, Gardel la grabó en París el 28 de mayo del mismo año.
Pero una elegía aún más sentida de los cambios edilicios y el avance irresistible del progreso es, sin duda, *Puente Alsina:*

■ *Gran bailarín, Tito Lusiardo, de moño, junto a Gardel, acompañó al cantor en varias de sus películas.*

¿Dónde está mi barrio, mi cuna querida?
¿Dónde la guarida, refugio de ayer?
borró el asfaltado, de una manotada,
la vieja barriada que me vio nacer...

En la sospechosa quietud del suburbio,
la noche de un triste drama pasional
y, huérfano entonces, yo, el hijo de todos,
rodé por el lodo de aquel arrabal.

Puente Alsina, que ayer fuera mi regazo,
de un zarpazo la avenida te alcanzó,
Viejo puente, solitario y confidente,
sos la marca que, en la frente,
el progreso le ha dejado
al suburbio revelado
que a su paso sucumbió.

Yo no he conocido caricias de madre...
Tuve un solo padre que fuera el rigor
y llevo en mis venas de sangre matrera,
gritando una gleba su crudo rencor.

Porque me lo llevan, mi barrio, mi todo,
yo, el hijo del lodo, lo vengo a llorar...
Mi barrio es mi madre que ya no responde...
¡Que digan adónde lo han ido a enterrar!

Puente Alsina lleva letra y música de Benjamín Tagle Lara y fue grabado por Rosita Quiroga a fines del año 1926. Se reconocen en la poesía de Tagle Lara dos características fundantes que, como ya veremos, va a tener el tango dedicado a los barrios: la evocación nostálgica, con elementos conceptuales y líricos que a veces rozan el folletín y el melodrama, y el intento de recuperación de un pasado perdido para siempre.

Como resultado del fracaso del plan de agricultura destinado a los inmigrantes ocurre lo que, en más de un sentido, era inevitable: la presencia de una enorme cantidad de extranjeros que se agolpan en el puerto debido a que, ni remotamente, las colonias agrarias alcanzaban a absorber semejante cantidad de gente. Un enorme porcentaje de ellos se queda en Buenos Aires, que crece de manera desmesurada, hecho que vuelve a cambiarle el rostro a la ciudad.

Buenos Aires, en principio, no tenía alojamiento para tantos. El desplazamiento de las clases adineradas hacia el norte ubicó con presteza a los recién llegados en las zonas abandonadas que lindan con el Riachuelo de la ciudad. Así, se difundió el conventillo sobre la base de grandes residencias vacías y Buenos Aires presenció un fenómeno de ha-

cinamiento como nunca antes se había visto ni previsto.

Con el Riachuelo como fondo, se van dibujando los perfiles de las casas humildes, un paisaje que inmortalizó el tango *Niebla del Riachuelo*:

Turbio fondeadero donde van a recalar
barcos que en el muelle para siempre han de quedar;
sombras que se alargan en la noche del dolor;
náufragos del mundo que han perdido el corazón;
puentes y cordajes donde el viento viene a aullar;
barcos carboneros que jamás han de zarpar;
torvo cementerio de las naves que, al morir,
sueñan, sin embargo, que hacia el mar han de partir.

Niebla del Riachuelo,
amarrado al recuerdo
yo sigo separado;
niebla del Riachuelo,
de ese amor, para siempre,
me vas alejando...
Nunca más volvió;
nunca más la vi;
nunca más su voz nombró mi nombre junto a mí...
...esa misma voz que dijo ¡Adiós!

Con letra de Enrique Cadícamo y música de

Inclusive una letra relativamente tardía como *Pobre paica* recoge y desarrolla el modelo:

Hoy no tiene pa'ponerse,
ni zapatos ni vestidos,
anda enferma y el amigo
no aportó para el bulín.

Ya no tienen sus ojazos
esos fuertes resplandores
y en su cara los colores
se le ven palidecer.
Está enferma, sufre y llora
y manya con sentimiento
de que así, enferma y sin vento,
más naide la va a querer.

Pobre paica tiene letra de Pascual Contursi sobre la música del tango *El motivo*, de Juan Carlos Cobián. Carlos Gardel lo grabó en 1920 con el título *Pobre paica*; Cobián no objetó la letra pero exigió volver al título original.

La carencia de trabajos fijos (es la apoteosis de "la changa": trabajo provisorio y generalmente mal pago, cuya característica relevante es la inestabilidad) y el ingreso indiscriminado de gente al país suponen un inmejorable caldo de cultivo para el despliegue de la de-

Juan Carlos Cobián, *Niebla del Riachuelo* fue cantado por Tita Merello en la película *La fuga*, dirigida por Luis Saslavsky y estrenada en 1937. Acaso el tono importe más que la letra: todo se disuelve tras las nieblas del Riachuelo, todo se vuelve vagoroso y sombreado, hasta –sobre todo– el amor, que se pierde como el agua en el agua tras una pátina de humedad e irremediable melancolía.

El hacinamiento, unido al deficiente nivel sanitario de la ciudad, engendró arquetipos que no tardaron en recoger la literatura (sainete y novela) y el tango: la joven tuberculosa, la niña desnutrida, la mujer que se hamaca entre la anemia, la enfermedad y el romanticismo.

lincuencia, refleja-
da en los libros del
costumbrista José
S. Alvarez −"Fray
Mocho"−, en es-
pecial en *La vida
de los ladrones céle-
bres de Buenos Aires
y su manera de robar*
y *Memorias de un
vigilante*, obras que
reflejan los despla-
zamientos internos a partir de la capitaliza-
ción de Buenos Aires, pero, fundamentalmente, la irrupción de un fenómeno lingüís-
tico íntimamente relacionado con la delin-
cuencia y que, como hemos visto, será una
marca indeleble en las letras del tango: el
lunfardo. Celedonio Flores (1896-1947) comienza de manera irreemplazable su soneto
Musa rea diciendo:

*No tengo el berretín de ser un bardo
chamuyador letrao ni de spamento;
yo escribo humildemente lo que siento
y pa'escribir mejor lo hago en lunfardo.*

Es, pues, como queda dicho, un hecho de
importancia insoslayable que ya en 1914 cin-

■ *Juan Carlos Cobián.*

■ *Arriba. izq.:
Celedonio Flores.*

■ *Izquierda:
Puente de la Boca
del Riachuelo.*

cuenta y ocho por ciento de la población argentina fuese urbana, debido, sin duda, al hecho de que se desarrolló exageradamente lo que hoy llamaríamos el sector terciario de la sociedad, el sector de servicios: empleados públicos, servicio doméstico, empleos irregulares e inestables en un país escasamente industrial, con alimento relativamente barato y enormes masas inmigratorias cuya característica era la desorientación, como cualquier masa inmigratoria recién llegada cuyas expectativas iniciales se dilatan hasta la disolución.

En 1910, aproximadamente, una cuarta parte de la Argentina vivía entre Buenos Aires y sus aledaños, en tanto que veintiocho años más tarde ese porcentaje alcanza treinta por ciento.

■ *Una familia de inmigrantes reunida en el patio del conventillo.*

II • CIUDAD DE TANGO

El voraz proceso de crecimiento humano fue interrumpido por la crisis económica y financiera de 1929, crisis que provocó al año siguiente la asorada del general Uriburu –primer golpe de Estado que conoce la Argentina– y el cierre de la inmigración extranjera a partir de 1932. Entre la federalización y la gran depresión, como si fueran dos cuñas clavadas en la superficie de un proceso

■ *Otra toma de la esquina Manoblanca, nombre de un caballo de tiro cantado en el tango homónimo.*

histórico e irrepetible, transcurren cincuenta años de estabilidad política y desarrollo económico sostenido.

Ulteriormente, cuando en el alma del inmigrante fueron cediendo el azoramiento y la angustia iniciales, se fue instalando en su trabajo, se fue escapando del hacinado gueto del sur (el Riachuelo y sus alrededores), y ayudó a crear lo que se conoce con el nombre de barrio.

Pero ¿qué es el barrio? Es una realidad social y urbanística donde vive un tipo de gente determinado, un marco que va tomando forma, paisaje, cuya arquitectura de casas bajas y humildes contrasta con la arquitectura de la zona norte propiciada por los grandes intendentes escenógrafos. La construcción barrial es híbrida: generalmente una planta colonial con galería y doble patio y fachada italiana, tiene azotes y el frente está dividido en partes iguales cada una de las cuales está trabajada con molduras que difieren de casa en casa (¿allí está —podría uno preguntarse—, en las molduras, el afán o la marca de pertenencia, de individualidad de cada casa de barrio?), aunque el conjunto siga una línea general; el diseño se completa con balaústres de columnas típicamente italianas.

En este marco histórico, geográfico y social aparece un fenómeno perteneciente a la cultura urbana llamado tango.

ESQUINA PORTEÑA

Borges reclama para su barrio el orgullo fundacional de la ciudad, el trazado primero y mítico:

Prendieron unos ranchos trémulos en la costa,
durmieron extrañados. Dicen que en el Riachuelo,
pero son embelecos fraguados en la Boca.
Fue una manzana entera y en mi barrio: en Palermo.

Una manzana entera pero en mitad del campo
expuesta a las auroras y lluvias y sudestadas.
La manzana pareja que persiste en mi barrio:
Guatemala, Serrano, Paraguay, Gurruchaga.

El reclamo de Borges se multiplica y no hay barrio que no requiera para sí el orgullo de haber sido al menos cuna del tango. Privilegio y demanda abarcadores que tiene como consecuencia más importante que no haya prácticamente barrio de Buenos Aires que no tenga un tango alusivo, y a veces más de uno. El Palermo borgeano se inmortalizó en la voz de Gardel debido a que allí está emplazado el Hipódromo Nacional y nadie ignora las preferencias del cantor por el turf:

¡Maldito seas Palermo!
Me tenés seco y enfermo.
mal vestido y sin morfar,
porque el vento los domingos
me patino con los pingos
en el Hache Nacional.
Pa'buscar al que no pierde
me atraganto con la Verde
y me estudio el pedigré
y a pesar de la cartilla
largo yo en la ventanilla
todo el laburo del mes.

Berretines que tengo con los pingos,
metejones de todos los domingos...
Por tu culpa me encuentro bien fané...
¡Qué le voy a hacer, así debe ser!
Ilusiones del viejo y de la vieja
van quedando deshechas en la arena
por las patas de un tungo roncador...
¡Qué le voy a hacer si soy jugador!

Palermo, cuna del orre,
por tu culpa ando sin cobre,
sin honor ni dignidad;
soy manguero y caradura,
paso siempre mishiadura
por tu raza caballar.

■ *Enrique Delfino, el mago del piano, durante un ensayo (1924).*

■ *Vista del Riachuelo.*

Me arrastra más la perrera,
más me tira una carrera
que una hermosa mujer.
Como una boca pintada
me engrupe la colorada
cual si fuera su mishé.

Palermo tiene letra de Juan Villalba y Hermido Braga (seudónimo de Domingo Herminio Bragagnolo) y música de Enrique Delfino. Fue cantado por Olinda Bozán en el sainete titulado *El Bajo está de fiesta*, estrenado en marzo de 1929. Carlos Gardel lo grabó en octubre del mismo año. (Palermo y la misma tesitura se reconocen en un tango íntimamente ligado a éste y también interpretado magistralmente por Gardel: *Por una cabeza*). El barrio está visto, bajo el prisma del tango, como lugar de pertenencia y, por ende, lugar seguro por excelencia, coto, guarida y territorio, nada bueno puede pasar fuera de sus límites, y la transgresión de este principio —el riesgo que supone la salida, el alejamiento, esa especie indeseada de exilio interior— no puede tener otra consecuencia que la pérdida (del honor, en el caso de la mujer, y de la integridad, en el caso del hombre):

Percanta que arrepentida
de tu juida has vuelto al bulín,
con todos los despechos
que vos me has hecho te perdoné;
cuántas veces contigo
y con mis amigos
me encurdelé;
y en una noche de atorro
en el cotorro no te encontré.

De vuelta al bulín con letra de Pascual Contursi y música de José Martínez, se estrenó
aproximadamente en 1914 y ya se puede
presentir, en su desarrollo, el drama de la
muchacha que se ha alejado del bulín (habitación, vivienda) de su hombre y, por ende,
del barrio. Más directo y claro aún es el consejo imperativo *No salgas de tu barrio:*

No abandones tu costura,
muchachita arrabalera,
a la luz de la modesta
lamparita de kerosene...
No la dejes a tu vieja,
ni a tu calle, ni al convento,
ni al muchacho sencillote
que suplica tu querer.
Deschá los berretines
y los novios milongueros,

■ *"La Cumparsita", lugar*
donde se puede disfrutar
de un buen espectáculo
de tango.

■ *Plaza de San Telmo.*

66

■ Paseando
en "Mateo" por
Buenos Aires.

que entre rezongos del fuelle
te trabajan de chiqué.

No salgas de tu barrio, sé buena muchachita,
casate con un hombre que sea como vos
y aun en la miseria sabrás vencer tu pena
y ya llegará un día en que te ayude Dios.
Como vos, yo, muchachita,

era linda y era buena;
era humilde y trabajaba,
como vos, en un taller.
Dejé al novio que me amaba
con respeto y con ternura
por un niño engominado
que me trajo al cabaret;
me enseñó todos sus vicios,
pisoteó mis ilusiones,
hizo de mí este despojo,
muchachita, que aquí ves.

Con letra de A. J. Rodríguez Bustamante y música de Enrique Delfino, *No salgas de tu barrio* fue estrenado por Azucena Maizani en el teatro Porteño en el mes de julio de 1927.

Si se pudieran aplicar al tango etiquetas de corte ideológico, se podría afirmar que es éste uno de los tangos más conservadores que ha dado la historia de la canción de Buenos Aires: reivindica la inmovilidad laboral, aunque el trabajo consista en una labor manual y mal remunerada (no abandones tu costura); alienta el conformismo sentimental (muchacho sencillote/que suplica tu querer) y económico (y aun en la miseria sabrás vencer tu pena/y ya llegará un día

en que te ayude Dios); clausura cualquier posibilidad evolutiva (no la dejes a tu vieja,/ni a tu calle, ni al convento). Pero son características que hay que articular en un contexto más amplio, en una –por lo menos– bipolaridad más abarcadora y compleja: lo otro del barrio es el Centro, la alteridad, el riesgo y el peligro. Si el barrio es el reducto primero, cerrado y construido por el inmigrante –halla y genera allí, en escala reducida, los valores fundantes de su tierra natal, de su pueblo natal, de su terruño–, el Centro es el lugar del "niño bien", del *jailaife* (deformación de *high life*: vida acomodada, clase alta), de las luces que encandilan y de las cabareteras.

Si en la literatura argentina hay un intento permanente de conquistar o destruir –forma agónica de la conquista– la ciudad, que se puede verificar claramente en autores tan disímiles como Roberto Arlt (*Los siete locos* y, especialmente, su continuación, *Los lanzallamas*), David Viñas (*Dar la cara*) o Roger Pla (*Paño verde*), en el tango el intento espacial se traduce en la prolija preservación del lugar propio (y construido, y ganado) y los consecuentes riesgos que acarrea su pérdida, como lo ilustra acabadamente un tango tan tradicional como *Muñeca brava*:

■ *Azucena Maizani.*

LOS 7 LOCOS

NOVELA

POR
ROBERTO ARLT

Che, madam, que parlás en francés
y tirás el dinero a dos manos,
que cenás con champán bien frappé
y en el tango enredás tu ilusión,
sos un biscuit de pestañas muy arqueadas,
muñeca brava bien cotizada.
¡Sos del Trianón... del Trianón de Villa Crespo...
che, vampiresa, juguete de ocasión!
Tenés amigos que te hacen gustos
y veinte abriles carnavaleros
y bien repleto tu monedero
pa'patinarlo de norte a sud;
te llaman todos muñeca brava
porque tus besos son dulces grupos...
Pa'mí sos siempre la que no supo
tomar en serio mi amor de juventud.
Campaneá que la vida se va
y se acaban los brillos y el rango...
Cuando el llanto te venga a buscar
acordáte, muñeca, de mí...
..De mí, que siempre soñé con tu cariño
y allá en el barrio te amé de niño...
¡Pero pa'qué voy a decirte cosas viejas,
si ya has cambiado, muñeca, el corazón!

■ Enrique Cadícamo.

■ *Hipódromo de Buenos Aires. C. 1900.*

■ *Parque Lezama.*

73

Estos versos cuya autoría pertenece a Enrique Cadícamo fueron escritos para una música de Luis Visca. Carlos Gardel los grabó el 28 de junio de 1929. Resulta obvio que *Muñeca brava* juega a lo largo de todo su desarrollo con

■ *Para los coleccionistas.*
El Quiosco del Tango tiene de todo.

dos ideas hondamente arraigadas en el tango en todo cuanto éste tiene de mitología popular: la moral doble de una mujer que se aleja del barrio (la protagonista habla en francés, semeja modos y relieves de vampiresa, se dice del Trianón, pero el poeta la sabe oriunda del barrio de Villa Crespo) en rotunda contraposición con la verdadera pureza de sentimientos, que sólo es posible hallar en el espacio cerrado del barrio (el poeta ha amado a esta mujer en el barrio, desde cuando eran niños, pero de nada vale ahora recordarle ese sentimiento, puesto que en el mismo proceso migratorio que ha sufrido le ha cambiado el corazón y el sentimiento del pasado).

Dos años después de *No salgas de tu barrio*, se graba *¡Atenti, pebeta!*, que cala más hondo en la confrontación barrio/centro:

Cuando estés en la vereda y te fiche un bacanazo,
vos hacéte la chirula y no te le deschavés;
que no manye que estás lista al primer tiro de lazo
y por un par de leones bien planchados te perdés.

Cuando vengas para el centro, caminá junando el suelo,
arrastrando los fanguyos y arrimada a la pared,
como si ya no tuvieras ni ilusiones ni consuelo,
pues, si no, dicen los giles, que te han echao a perder.

Si ves unos guantes patito, ¡rajáles!
A un par de polainas, ¡rajáles, también!
A esos sobretodos con catorce ojales
no les des bolilla, porque te perdés;
a esos bigotitos de catorce líneas
que en vez de bigote son un espinel...
¡Atenti, pebeta! Seguí mi consejo;
yo soy zorro viejo y te quiero bien.

Abajáte la pollera por donde nace el tobillo,
dejate crecer el pelo y un buen rodete lucí.
Comprate un corsé de fierro con remaches y tornillos
y dale el olivo al polvo, a la crema y al carmín.

Tomá leche con vainillas y chocolate con churros,
aunque estés en el momento propiamente del vermut.
Después compráte un bufoso y, cachando al primer turro,
por amores contrariados le hacés perder la salud.

Con letra de Celedonio Flores y música del bandoneonista Ciriaco Ortiz, *¡Atenti, pebeta!* conoció su primera versión fonográfica en 1929 en la voz de Alberto Gómez. Si bien con una dosis indisimulable de mordiente ironía que no se puede hallar en una letra como *No salgas de tu barrio*, resulta notable en *¡Atenti, pebeta!* la figura prototípica que se brinda en la mujer de barrio: inerme, indefensa, absolutamente privada de recursos frente al avance de

algún "bacanazo"; cuando se encuentre en el Centro (y aquí resulta clara la oposición) debe caminar mirando al suelo y arrimada a la pared, pues el mero roce o cruce de miradas supone la irremediable perdición. Asimismo se puede verificar la oposición barrio/centro en el código de vestimentas y maneras: los guantes patito, las polainas, el sobretodo de catorce ojales y los bigotes finos son atributos del enemigo natural, del *jailaife*, de quien puede –prácticamente con su mera existencia– perder a una mujer.

En contrapartida con la *Muñeca brava* de Cadícamo, la mujer que sepa ser fiel a su origen –como lo ilustra la letra de *Arrabalero*–, tendrá, finalmente, su recompensa de signo amoroso:

Por ser derecha tengo un machito
arrabalero de Puente Alsina;
se juega entero por esta mina
porque la sabe de corazón.
Pero si un día llega a engañarme
como hacen otros con sus mujeres,
esta percanta que ríe y canta
llorará sangre por su traición.

Con letra de Eduardo Calvo y música de Osvaldo Fresedo, *Arrabalero* fue estrenado en el teatro Opera en 1927. Resulta digno de señalar que en el corpus tanguero tradicional, ante una misma situación –la infidelidad de pareja– las reacciones resultan disímiles: el hombre mata, la mujer llora sangre.

En el Centro también está, para el hombre solo y acomodado económicamente, su piso de soltero, su *garçonnière* al mejor estilo francés, teatro de operaciones de sus conquistas amorosas, nido de amor clandestino, patente de porteño avispado en las lides de la vida y de la noche:

El bulín de la calle Ayacucho,
que en mis tiempos de rana alquilaba,
el bulín que la barra buscaba
pa'caer por la noche a timbear,
el bulín donde tantos muchachos,
en su racha de vida fulera,
encontraron marroco y catrera
rechiflado, parece llorar.
El primus no me fallaba
con su carga de aguardiente
y habiendo agua caliente
el mate era allí señor.
No faltaba la guitarra
bien encordada y lustrosa
ni el bacán de voz gangosa
con berretín de cantor.

El bulín de la calle Ayacucho, con letra de Celedonio Flores y música de José Servidio, fue estrenado en 1923, y según el músico, el inmueble que lo inspiró se ubicaba, precisamente, en la calle Ayacucho 1443, en pleno barrio de la Recoleta.

Pero acaso el ejemplo más acabado de *garçonnière*, en la confluencia de sus dos características distintivas –distinción y discreción– lo brinde el tango estrenado en 1925 y titulado *A media luz*, minuciosa descripción de un departamento de soltero ubicado en el centro de la ciudad:

Corrientes 3-4-8,
segundo piso, ascensor.
No hay porteros ni vecinos.
Adentro, cocktail y amor.
Pisito que puso Maple:
piano, estera y velador,
un telefón que contesta,
una victrola que llora
viejos tangos de mi flor
y un gato de porcelana
pa'que no maúlle al amor.

Y todo a media luz,
que es un brujo el amor…
A media luz los besos…
A media luz los dos…

Y todo a media luz…
Crepúsculo interior…
¡Qué suave terciopelo
la media luz de amor!
Juncal 12-24.
Telefoneá sin temor.
De tarde, té con masitas;
de noche, tango y cantor.
Los domingos, tés danzantes;
los lunes, desolación…
Hay de todo en la casita:
almohadones y divanes;
como en botica, cocó;
alfombras que no hacen ruido
y mesa puesta al amor.

■ *Corrientes 348.*
Puerta alegórica.

79

La Avenida Corrientes
iluminada por las luces
de neón.

Con letra de Carlos César Lenzi y música de Edgardo Donato, *A media luz* se estrenó en el teatro Catalunya, de Montevideo, en el espectáculo *Su majestad la revista*, en la voz de Lucy Clory.

De todos modos, y más allá de las ocasionales divergencias entre la geografías céntrica y barrial, hay un tango, con letra de Celedonio Esteban Flores y música de Francisco Prácanico que, pese a celebrar una esquina específica y tradicional del centro urbano, ha trascendido antinomias y se ha erigido en uno de los bastiones de la música porteña: *Corrientes y Esmeralda.*

Amainaron guapos frente a tus ochavas
cuando un cajetilla los calzó de cross
y te dieron lustre las patotas bravas
allá por el año... novecientos dos...

Esquina porteña, tu rante canguela
se hace una melange de caña, gin, fitz,
pase inglés y monte, bacará y quiniela,
curdelas de grapa y locas de pris.

El Odeón se manda la Real Academia,
reventando en tangos el viejo Pigall,
y se juega el resto la doliente anemia
que espera el tranvía para su arrabal.

De Esmeralda al norte, del lao de Retiro,
franchutas papusas caen a la oración
a ligarse un viaje, si se pone a tiro
gambeteando el lente que tira el botón.

En tu esquina un día, Milonguita, aquella
Papirusa criolla que Linnig cantó,
llevando un atado de ropa plebeya
al hombre tragedia tal vez encontró.

Te glosa en poemas Carlos de la Púa
y el pobre Contursi fue tu amigo fiel...
En tu esquina rea, cualquier cacatúa
sueña con la pinta de Carlos Gardel.

Esquina porteña, este milonguero
te ofrece su afecto más hondo y cordial.
Cuando con la vida esté cero a cero
te prometo el verso más rante y canero
para hacer el tango que te haga inmortal.

Corrientes y Esmeralda comenzó a difundirse hacia 1934, con motivo del ensanche de la calle Corrientes, y no resulta difícil advertir por qué se ha convertido en uno de los tangos insoslayables del cancionero popular. La letra de Celedonio Flores reafirma el carácter mítico de una esquina que ya por ese tiempo había trajinado Raúl Scalabrini Ortiz en la literatura (el ensayo *El hombre que está solo y espera* ubica al porteño melancólico y nostálgico precisamente en esa esquina de la ciudad), menciona referentes ineludibles de la noche porteña de aquellos tiempos (el Odeón, el Pigall), cita personajes arquetípicos de la escena tanguera (Milonguita, Carlos de la Púa, Pascual Contursi) y, finalmente, logra un giro de una expresividad y precisión perfectas para aludir a la relación que une a cualquier porteño con el ideal inalcanzable: *En tu esquina rea, cualquier cacatúa / sueña con la pinta de Carlos Gardel.*

EN BUSCA DEL TIEMPO PERDIDO

■ *Un farolito en La Boca.*

Pero si el tango del Centro es la ilustración de un estilo de vida donde convergen la *garçonnière* y el *champagne*, la amante ocasional y la reunión de amigos farristas, las luces enceguecedoras y los personajes de la mitología, el tango de los barrios reúne, al menos, dos características: la idealización de un espacio en el tiempo (a salvo del olvido) y la evocación de vivencias irrepetibles (generalmente asociadas a la inocencia de la infancia). Son éstas las marcas estilísticas relevantes de los fragmentos de tangos que vamos a transcribir. Por ejemplo, *Bajo Belgrano*, con letra de Francisco García Jiménez y música de Anselmo Aieta que Gardel grabó en 1926:

82

■ *Afiche para la segunda versión de la película "Los muchachos de antes no usaban gomina".*

Bajo Belgrano, cómo es de sana
tu brisa pampa de juventud
que trae silbidos, canción y risa
desde los patios de los studs.
¡Cuánta esperanza la que en vos vive!...
La del peoncito que le habla al crack:
"Sacame'e pobre, pingo querido,
no te me manques pa'l Nacional...".

....

Calle Blandengues, donde se asoma
la morochita linda y gentil
que pone envuelta en su mirada
su simpatía sobre un mandil.
Y en la alborada de los aprontes
al trote corto de vareador,
se cruza el ansia de la fortuna
con la sonrisa del buen amor.

Es lícito observar que si en *Palermo* el amor y
la afición por las carreras se articulaban como pasiones encontradas y antagónicas, en
Bajo Belgrano se resuelven bajo el signo de la
complementariedad.
En *Boedo*, con letra de Dante A. Linyera y
música de Julio De Caro, la geografía espacial y la sensibilidad del poeta encuentran un
punto de plena identificación:

Del arrabal la calle más inquieta,
el corazón de mi barrio porteño
la cuna es del pobre y del poeta...
Rincón cordial.
Reinado azul del arrabal.
Yo templé allí el corazón que tengo
porque enterré mi juventud inquieta
junto al umbral donde hoy aquel poeta
canta en los versos
su pena de amor...

Boedo, tienes como yo
el alma llena de emoción,
abierta como un corazón
que ya se cansó de esperar.
Lo mismo que tú, yo soy así:
por fuera cordial y cantor,
a todos les digo que sí
y a mi corazón le digo que no...

■ *Leopoldo Federico y su bandoneón.*

■ *En la vieja Buenos Aires, los patios siempre lucían macetas con malvones y otras flores.*

Noche de amor viví;
con tierno afán soñé,
y entre tus flores
también lloré…
¡Qué triste es recordar!
¡Me duele el corazón!…
Almagro mío,
¡qué enfermo estoy!

Almagro, Almagro de mi vida,
tú fuiste el alma de mis sueños…
Cuántas noches de luna y de fe,
a tu amparo yo supe querer…
Almagro, gloria de los guapos;
lugar de ilidios y poesía,
mi cabeza la nieve cubrió;
ya se fue mi alegría
como un rayo de sol.

Boedo fue cantado por primera vez por Roberto Díaz en el cine Renacimiento en el año 1928.

Almagro, con letra de Iván Diez y música de Vicente San Lorenzo, encierra en sus versos las dos características que hemos venido anotando como rasgo genérico: la idealización y la distancia:

Cómo recuerdo, barrio querido,
aquellos tiempos de mi niñez…
Eres el sitio donde he nacido
y eres la cuna de mi honradez.
Barrio del alma, fue por tus calles
donde he gozado mi juventud.

Carlos Gardel grabó *Almagro* durante el transcurso de 1930.

También *San José de Flores*, con letra de Enrique Gaudino y música de Armando Acquarone, supone el retorno del protagonista, hombre ya vencido, a un espacio mitificado por el recuerdo:

■ La mesa del
domingo, *dibujo de
Luis J. Medrano.*

Me da pena verte hoy, barrio de Flores,
rincón de mis juegos de pibe andarín,
recuerdos cachuzos, novela de amores
que evoca un romance de dicha sin fin.
Nací en este barrio, crecí en sus veredas;
un día alcé el vuelo soñando triunfar
y hoy pobre y vencido, cargado de penas,
he vuelto cansado de tanto ambular.

La dicha y fortuna me fueron esquivas,
jirones de ensueños dispersos dejé,
y en medio de tantas desgracias y penas

el ansia bendita de verte otra vez.
En tierras extrañas luché con la suerte,
derecho y sin vueltas no supe mentir,
y al verme agobiado, más pobre que nunca,
rumbié a mi querencia buscando morir.

San José de Flores fue un éxito del cantor Alberto Morán, quien lo grabó con la orquesta de Osvaldo Pugliese en 1953.
Cada barrio, como hemos indicado, reclama para sí el privilegio de haber sido cuna del tango. Así, Salvador Llamas declara en *Cuna de tango:*

El viejo farol de la esquina,
de luz mortecina,
me dice que es cierto
que el tango nació en Villa Crespo.

Mientras que Miguel A. Camino asegura en *El tango,* dedicado al barrio de Parque Patricios, ex *Corrales Viejos:*

Nació en los Corrales Viejos
allá por el año ochenta.
Hijo fue de la milonga
y de un taita de arrabal.

Ante tal diversidad de partidas de nacimiento, Homero Manzi, en 1942, definió de una vez y para siempre, con irreemplazable aliento poético, un barrio de tango:

Un pedazo de barrio, allá en Pompeya,
durmiéndose al costado del terraplén;
un farol balanceando en la barrera
y el misterio de adiós que siembra el tren.
Un ladrido de perros a la luna,
el amor escondido en un portón
y los sapos redoblando en la laguna
y a lo lejos, la voz del bandoneón.
Barrio de tango, luna y misterio,
calles lejanas, ¡cómo estarán!
Viejos amigos que hoy ni recuerdo,
¡qué se habrán hecho, dónde andarán!
Barrio de tango, qué fue de aquélla,
Juana, la rubia, que tanto amé.

¿Sabrá que sufro, pensando en ella,
desde la tarde que la dejé?
¡Barrio de tango, luna y misterio,
desde el recuerdo te vuelvo a ver!

Un coro de silbidos, allá en la esquina,
y el codillo llenando el almacén.
Y el dramón de la pálida vecina
que ya nunca salió a mirar el tren.
Así evoco tus noches, barrio'e tango,
con las chatas entrando al corralón
y la luna chapaleando sobre el fango
y a lo lejos la voz del bandoneón.

Barrio de tango, con música de Aníbal Troilo, fue difundido en 1942 por la voz de Francisco Fiorentino. Y si el sur fue inmortalizado en la literatura de Jorge Luis Borges (el cuento *El Sur* es cifra y clave autobiográfica de su obra), Homero Manzi, también con música de Aníbal Troilo, dibujó para la eternidad el perfil del barrio de Pompeya —y, en más de un sentido, de todos los barrios— en el sur de Buenos Aires, precisamente con el tango titulado *Sur*, que grabara en 1948 Edmundo Rivero y cuya transcripción resulta una manera ideal de dar por terminado este recorrido —sin duda, incompleto— por las calles de la ciudad y su música ciudadana:

■ *Jorge Luis Borges.*

■ *Pág. 92.*
Arriba, Homero
Manzi. Abajo,
Pichuco (A. Troilo),
caricatura de
Hermenegildo
Sábat.

San Juan y Boedo antiguo, y todo el cielo,
Pompeya, y más allá la inundación.
Tu melena de novia en el recuerdo
y tu nombre flotando en el adiós.
La esquina del herrero, barro y pampa,
tu casa, tu vereda y el zanjón,
y un perfume de yuyos y de alfalfa
que me llena de nuevo el corazón.

Sur,
paredón y después…
Sur,
una luz de almacén…
Ya nunca me verás como me vieras,
recostado en la vidriera
y esperándote.
Ya nunca alumbraré con las estrellas
nuestra marcha sin querellas
por las noches de Pompeya…
Las calles y las lunas suburbanas,
y mi amor y tu ventana,
todo ha muerto, ya lo sé…

San Juan y Boedo antiguo, cielo perdido,
Pompeya y al llegar al terraplén,
tus veinte años temblando de cariño
bajo el beso que entonces te robé.
Nostalgias de las cosas que han pasado,
arena que la vida se llevó,
pesadumbre del barrio que ha cambiado
y amargura del sueño que murió.

III • TANGO - BARRIO

Los barrios más típicos de Buenos Aires suscitan en el viajero que los visita por primera vez una impresión muy característica: remiten a ciudades visitadas, a centros turísticos conocidos, como si se tratara de un extraño *déja vu* de corte urbano o geográfico.

No deja de tener razón el visitante: algunos barrios porteños (Palermo Chico, por ejemplo) se parece a París, la Avenida de Mayo parece una réplica a escala reducida de Madrid; se podría abundar, acaso vanamente, en otros ejemplos.

Pero, curiosamente, este perfil no va en desmedro de la inequívoca singularidad de Buenos Aires como ciudad; acaso esta mixtura sea su rasgo más relevante, su atractivo más acuñado. Y, también, advertir esta característica es una de las maneras de llegar al corazón de su música.

Los barrios porteños, como ya hemos visto, son construcciones hechas por inmigrantes, y la inmigración en Argentina tuvo perfiles aluvionales. Con estilo cosmopolita y aportes de todas las lenguas, el rostro de Buenos Aires anuncia lo que es su música ciudadana: un híbrido cuya más cara singularidad es la mezcla cuidadosamente macerada por los cultores más eximios.

Convivencia de autopistas, patios coloniales, enrejados españoles y calles empedradas, Buenos Aires es una ciudad que saluda al siglo veintiuno desde la cálida y nostálgica placidez del diecinueve. En este sentido, también su música ciudadana es amplio hogar donde puede convivir más de un estilo, una música privilegiada donde todo arpegio tienen su asiento y todo sonido pone habitación. Prueba de ello es que su desarrollo dibuja una parábola que empieza en el origen hamburgués del bandoneón, pasa por la tonadilla española y encuentra su identidad en una danza de origen orillero.

Lejos de un purismo de corte ortodoxo y espalda tiesa, es esta plástica receptividad —común a todas las grandes músicas del mundo— la que ya le ha asegurado al tango un lugar en la posteridad.

Créditos

Christian Baied: pág. 37, 66 arr., 84.
Jorge Luis Campos: pág. 16, 18.
Norberto Cosentino: pág. 40 izq.
Arch. Graciela García Romero: pág. 9,10-11, 13, 14, 17, 19, 21, 22, 23, 27, 29, 30 der., 36, 38, 40 der., 43, 45, 48, 50-51, 56, 59, 65 arr., 67, 68, 69, 70, 71, 76, 77, 87, 88-89, 94.
Enrique Limbrunner: pág. 6.
Ron Lovelace: Tapa, pág. 46.
Alejandro Schächter: pág. 26.
Arch. Manrique Zago: pág. 8,15,24,25,28,30 izq., 31, 32, 33, 34, 39, 41, 42, 44, 47, 53, 54, 57, 60, 61, 62, 64, 65, 66 ab., 72, 73, 74, 78, 79, 80, 82, 83, 86, 90, 91, 92, 93. Contratapa.

Se terminó de imprimir en
Mateu Cromo, Madrid, España.
Fotocromía M^{c}NA Digital, Buenos Aires.
Enero de 1999.